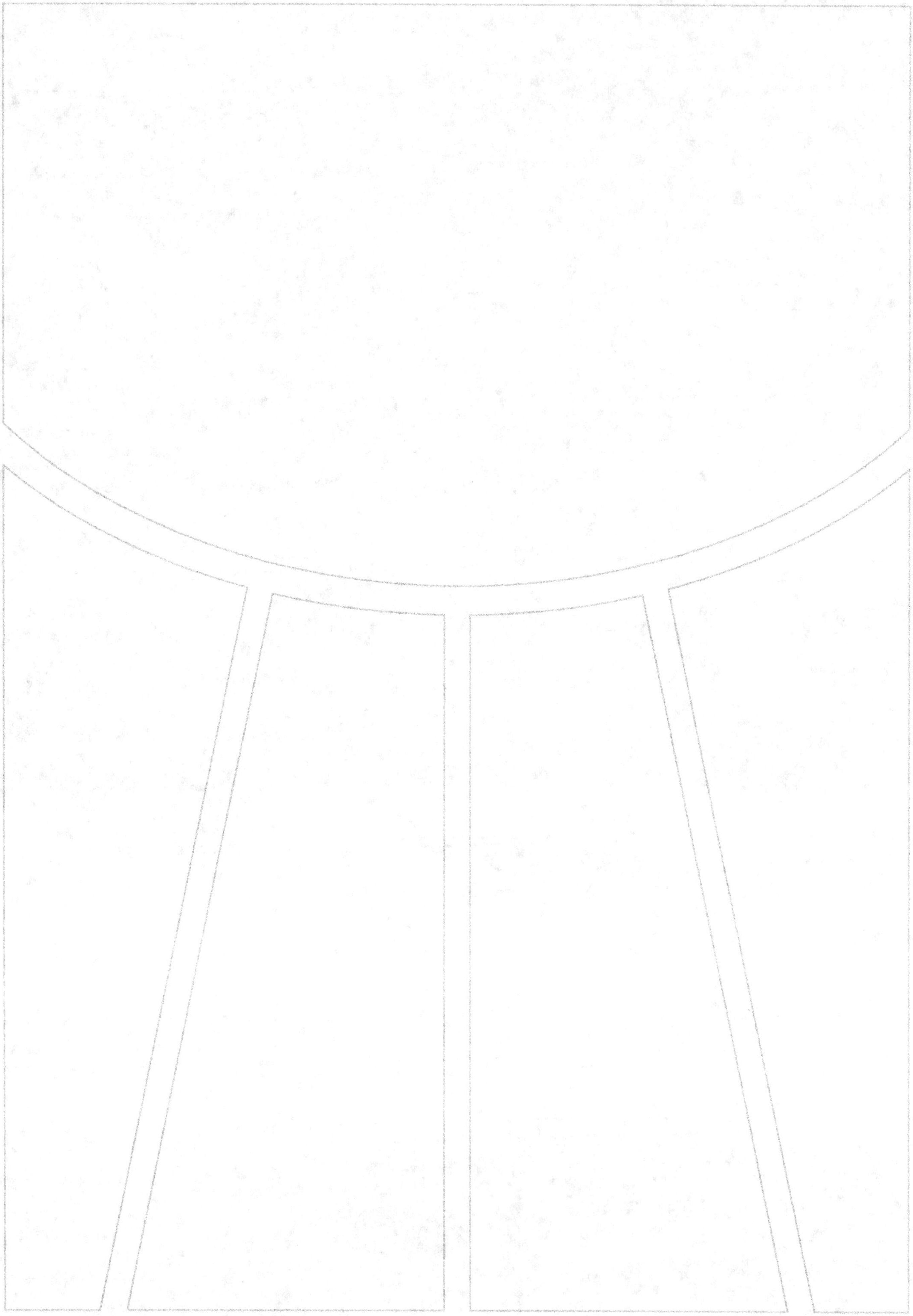

www.ingramcontent.com/pod-product-compliance
Lightning Source LLC
Chambersburg PA
CBHW080551220526
45466CB00010B/3112
* 9 7 8 1 6 9 0 6 0 9 6 3 6 *